U0043624

覚えないタロット

塔羅超上手

不用硬背，看圖就會；第一次算塔羅就上手

はじめての人でもすぐに占える

彌彌告
MiMiKO

不硬背，更會解！

　　大家好，我是占術師彌彌告（MiMiKo）。

　　我在代官山開設算命沙龍已經十一年了，在形形色色的占卜方式當中，我主要使用塔羅牌、占星術、神諭卡與風水來算命。

　　其中使用得最為頻繁的是塔羅牌。

　　「塔羅牌占卜」使用名為「塔羅（Tarot）」的卡牌來算命，卡牌一共有七十八張，分別為二十二張的「大阿爾克納（Major Arcana，又稱大牌）」和五十六張的「小阿爾克納（Minor Arcana，又稱小牌）」。

　　藉由偶然抽出的卡片來引導出各類問題的答案，例如：

　　「要是跟那個人告白，交往會順利嗎？」

　　「換別的工作好嗎？」等等。

　　提筆寫下本書之前，我回顧了自己的占卜職涯，發現已經用

塔羅牌算了一萬件以上的案件。由此可知，**塔羅牌的運用範圍廣泛，適合各類狀況**。最驚人的是，塔羅牌的準確率之高，連身為算命師的我都會大吃一驚。塔羅牌占卜往往令人雞皮疙瘩！

儘管塔羅牌是如此了不得的算命方式，我卻經常聽到諸如此類的聲音：
「塔羅牌的卡牌太多，記不住意思。」
「我不擅長背書，記不起來卡牌的意思。」
「學了好幾次，結果還是記不起來。」

看來，塔羅牌在眾人心中留下了「不好好學完背起來就不能算」的印象了。我覺得很可惜，很希望大家能重新認識塔羅牌。

我認為靠硬記的塔羅牌占卜已經到了極限。在這個多樣化的社會當中，從戀愛模式、工作方式到人際關係都日益複雜多變，算命更重視臨機應變與靈機一動，如果只單憑卡牌的關鍵字來占卜會是難如登天。

所以我想推行「**不用背的塔羅牌占卜**」。

不需受到必須硬背起來每張牌的意義所束縛，運用塔羅牌給人的「印象」，引導出你所需要的答案——這就是「彌彌告式的塔羅牌算命」。

本書為了方便大家掌握卡片的個性與特質，採用的介紹方式是：**把所有塔羅牌當作一個故事來閱讀，同時附上圖表好一目了然。**

　　摒除「學了才會」、「記了才行」的偏見，希望無論是否對塔羅牌有興趣，大家都能藉由這本書發現「原來塔羅牌這麼有意思！」

　　讓我們一起翻開本書，進入快樂的塔羅牌世界吧！

彌彌告

1 / 塔羅牌占卜的基本知識

2 / 二十二位明星的故事

CHAPTER

3 / 用「小阿爾克納」
來搭配的解讀

CHAPTER

4 / 自己動手算算看！

CHAPTER

1

塔羅牌占卜的
基本知識

何謂塔羅牌占卜？

聽到「塔羅牌占卜」，一般人聯想到的通常是「把畫了圖的多張卡牌洗牌之後，選幾張卡牌出來，解讀卡牌的意思來預測未來」。是的，大致上的流程的確是這樣沒錯。

這種叫做塔羅（Tarot）的卡牌種類繁多，卡牌上的圖案又有各種意思。相信應該有不少人覺得「算塔羅牌之前得先背誦很多卡牌的意義，真是困難」。

其實塔羅牌算是比較不複雜的卡牌，也不需要像西洋占星術等占卜方式，需要取得出生年月日等個人資料，或是看手相般需要觀測的技術。只要卡牌在手，無論何人、何地，都能占卜。

算塔羅牌的典型步驟如下：

洗牌後切成三疊，重新收攏回一疊，選出一張牌。

就是這麼簡單，不需要特殊的技術、才能，或是得會通靈。

彌彌告式的塔羅牌占卜甚至連這些步驟也不堅持要做。塔羅牌有許多牌陣，例如「一張牌陣」或是「凱爾特十字法」等。我認為重要的是以自己能接受的方式來算，而不需堅持特定牌陣。

選好卡牌後，最後步驟便是解讀卡牌帶來的答案。本書的特色在於初學者也能輕鬆解讀，詳情請見第三章。

塔羅牌是什麼樣的卡牌？

塔羅牌共有七十八張卡牌。

下定決心要買塔羅牌時，可能會赫然發現市面上的塔羅牌有許多種圖案，不知道該選哪一種才好。本書介紹的是最普遍的「萊德偉特版」（又稱偉特（ Rider ）版）。

塔羅牌共有七十八張卡牌，分為「大阿爾克納」與「小阿爾克納」。「阿爾克納」是拉丁文，意指「隱藏的事物；神秘」。大家不妨把兩種卡牌視為：

—— 大阿爾克納：來自神祇的重大啟示。

—— 小阿爾克納：告知每天發生的小事。

一般塔羅牌是指「大阿爾克納」

一般人想到塔羅牌時浮現在腦海的戀人與死神等圖案，都屬於大阿爾克納。**大阿爾克納共有二十二張**，有些人甚至只以大阿爾克納來算塔羅牌。**我建議大家一開始先只用大阿爾克納占卜看看！**

想要深入了解時用「小阿爾克納」

　　小阿爾克納類似撲克牌，有四種屬性。每種屬性各有十張數字牌與名為宮廷牌的四張卡牌，加起來共有五十六張。

卡牌的意思會因為正逆位而有所改變

　　抽塔羅牌時，圖案對著抽牌的人是正面者，稱為「正位」；圖案對於抽牌的人是顛倒者，稱為「逆位」。一般認為逆位代表卡牌原本含意的反義。因此塔羅牌的特徵之一是卡牌的意義會隨著方向而出現一百八十度的轉變哦（部分卡牌沒有正逆位的概念）。

正位　　　　逆位

塔羅牌適用於占卜哪些事情呢？

從日常生活的瑣碎煩惱，到戀愛、升學與工作，塔羅牌適用的範圍很廣泛。政界與重視數據的金融界人士，也非常喜歡算塔羅牌。

用於戀愛方面，從喜歡的人對自己有何看法到連絡的時機，通通可以利用塔羅牌來瞧瞧。至於想知道為何與對象進展不順，或是確認對方是否腳踏兩條船等複雜的情況等，也能藉由塔羅牌來尋找解答。

商業方面則是包括做決定的時機、開業的時刻，與交易對象是否合得來，以及後輩的教育方式等等，橫跨日常瑣事到攸關大局的事件。令人驚嘆「原來塔羅牌連這麼小的事情都能算嗎？」根據占卜與提問的方式，什麼事都能用塔羅牌算。

但是塔羅牌占卜也有禁忌，那便是「不要問攸關人命的問題」和「不要重複問相同的問題」。同一個問題一天只能問一次喔！

為什麼塔羅牌占卜這麼準呢？

塔羅牌占卜真的命中率很高。

如同序言所說，有時候命中率實在高得出奇，連我自己都嚇一大跳。

但是塔羅牌所引導出來的答案（結果）究竟是從何而來的呢？

接下來的內容有些複雜，不過我認為主要和「下意識的行為與潛意識的連結」有所關聯。

大家是否聽過運動選手等高手經常掛在嘴邊的「發生心流」呢？

「心流（Zone）」代表五感變得敏銳，注意力也達到極限，其他人的動作因而看起來像是慢動作，或是輕易發現突破的路徑等情況。進入這種情況時稱為「發生心流」。

希望心流儘快發生，重要的是「建立例行習慣」。

運動選手總有一些屬於自己的儀式，或是習慣在比賽前做一些行為。研究指出這些下意識的行為能有效幫助選手產生心流。

塔羅牌也必須注意例行習慣

塔羅牌也有所謂的「例行習慣」。

洗牌，切牌成三疊，攤開，選牌——算塔羅牌時必定會進行這些行為。

洗牌就洗到這裡吧；切牌時從這裡切吧；選擇這裡的卡牌吧。

大家或許覺得自己進行這些行為時沒有多想什麼，但是「這裡」究竟代表什麼意思呢？

其實這些「下意識的行為」相當於藉由例行習慣，產生心流。因此當我們不再胡思亂想，進入全心全意算塔羅牌的狀態時，便會連結到隱藏在內心的潛意識，與潛意識連結的宇宙進而告知我們「答案就在這裡喔！」

所以彌彌告式的塔羅牌占卜不堅持特定形式。我認為最好的方式是找到自己能夠接受的做法，多次反覆後成為屬於自己的例行習慣，毋須特意集中便能進入專心的狀態。所以大家找到屬於自己的做法即可。

或許有人會認為：「這樣不就只是隨便選卡牌嗎？」其實你建立起來的例行習慣正是促使你在廣闊宇宙當中發現答案的行動。

抽到的卡牌是宇宙告知你的訊息。

卡牌代表了強而有力的答案。

塔羅牌解讀九成靠靈感

　　卡牌所代表的訊息究竟是怎麼來的呢？本節介紹一些過去的案例來說明。

　　有一次客戶想搬家，於是來問我：「我現在考慮搬過去的房子沒問題嗎？」

　　占卜的結果是正位的「魔術師」。魔術師象徵適合挑戰新事物，重新開始，代表這間房子是個好決定。但是當我翻開卡牌時，魔術師的左手老是格外引起我注意──這便是卡牌告知我的訊息。

　　魔術師的左手指向下方，於是我閉上雙眼，思考他的手指究竟指了什麼。

　　結果腦海中浮現了一些文件。

　　我於是開始聯想，覺得這些文件應該是指和房仲公司交易時的合約或條款，於是告知客戶：「房子可以租，但是最好重新審視合約等文件。」

　　這位客戶養了兩隻寵物，本來很高興新租的房子可以養寵物。結果重新檢查合約，這才發現原來條款規定最多只能養一隻。

　　客戶後來告訴我因為事前發現合約規定，和房東交涉後順利地搬進新房子。

當我分享這些解讀的案例時，總會有人認為「因為是彌彌告，才會注意到這些訊息吧？」不可否認，每個人的靈感不盡相同。

但是我深信感覺到什麼，也就是「意識到什麼」，是可以靠練習來強化的。

盯著卡牌直到發現在意的事物，或是閉上眼睛回憶卡牌的模樣。除此之外，聽起來雖然有些靈異，不過不妨直接問問卡牌，向卡牌確認。

反覆這些做法之後，一定會開始出現「引人注意」的影像、言詞、聲音或印象。

例如明明讀了好幾本解說卡牌意義的書籍，為什麼特別在意這個用詞之類的，只要多做幾次一定會發現引人注意的契機。繼續挖掘便是鍛鍊算塔羅牌靈感的第一步。

背不起來卡牌意思的人不用擔心

　　前文提過塔羅牌是帶來訊息的使者，每張卡牌所代表的意思不只一種。

　　讀者當中可能有不少人花費心力在背誦每一張卡牌的意義，還常常覺得背不起來。

　　其實就算全部背起來，很多人在解讀時反而受到卡牌的涵義所束縛，無法自由發揮想像力。

　　憑藉靈感解讀卡牌的關鍵在於「**不要否定翻開卡牌時浮現在腦海的那個影像**」。簡而言之，這種做法很像聯想遊戲。

　　因此卡牌的性格、圖案、屬性，出現的順序，以及背景的顏色到眼睛留意到的元素等瞬間映入眼簾的事物都不能放過。

　　第二章會藉由故事來促使大家容易想像卡牌的訊息，介紹解讀的線索。

CHAPTER
2

二十二位明星
的故事

5
CHAPTER

看「故事」了解
二十二張大阿爾克納所代表的意思！

　　如同開頭所言，本書的重點在於「不用背，也能算」。

　　拼命背誦，記住每一張卡牌的圖案與正逆位的意思，反而會受到知識束縛，降低占卜的精準度。與其造成遺憾的結果，我希望大家更重視靈感、想像力與聯想力。

　　然而沒有任何知識也無法產生靈感，更聯想不出任何結果。

　　因此關鍵是認識二十二張「大阿爾克納」，而非強記卡牌。

　　倘若理解大阿爾克納「每一張卡牌代表何種意義」，便能動手算塔羅牌了。

　　但是卡牌有這麼多意義，了解卡牌也得費上一番工夫……

　　或許有讀者會做如是想，還請大家放心！本書把二十二張大阿爾克納編成一則故事，請大家一起和主角冒險，進入大阿爾克納的世界吧！

認識「愚者」的冒險故事，便能了解塔羅牌

塔羅牌的大阿爾克納是宛如人類一生的龐大故事。

故事主角是頭上標了零的「愚者（Fool）」。愚者是兩手空空的年輕人，對世事茫然無知，打算親自體驗世上的真理。儘管什麼都不知道並不代表「愚蠢」，不過他連自己無知一事也不知道，因而邁向愚者之路。

天真無邪的愚者同時也是映照出我們的鏡子。 人生在世，遇上形形色色的人，體驗各類事務，進而茁壯。

當這場冒險告一段落時，想必大家已經和各張大阿爾克納成為好朋友了吧！

出發去冒險吧！
未來充滿無限可能！

懷抱著使命來到
這個世界上嗎？故事主角充滿潛力

故事 這位年輕人不知世事，茫然無知，雙手空空，打算自行尋找世上的真理——天真無邪，不知退縮便是愚者的形象。不受既有概念與成規標準所束縛，具備無限潛力。他今後將遇上各類人物，經歷各式體驗。雖然不清楚未來發展，依舊無視可能面對的困難與危險的警告，朝偉大的旅程踏出第一步！

卡牌帶來的教誨

紅色羽毛來自不死鳥鳳凰，象徵浴火重生。或許愚者也是從某處重生而來？

黃色背景代表太陽的能量。象徵陰陽分明，或是沒有憂慮。

青山代表人生目的（人生藍圖），或是神祇的領域。愚者似乎是秉持某種使命從天界下凡。

輕便的行李象徵過去累積的知識。

白色玫瑰象徵天真無邪。

彌彌告重點

愚者站在懸崖上，腳邊的小白狗不知道是提醒他很危險，要他停下腳步，還是在追逐他。他只注意到上方，沒發現自己再往前一步就要墜落深谷。果然是愚者才會沒注意到近在眼前的危機。但是這張卡牌並不只是表面的意思，其實具有更深的含意！

危險與否要前進了才會知道，所以就先邁出步伐看看吧！這張卡牌象徵了這種能量產生的瞬間。

正位關鍵字

下意識／自由／直覺／大膽／無限可能／出發／坦率／年輕／旅人／沒有界線

逆位關鍵字

缺乏常識／不負責／喜歡流浪／無知／隨心所欲／習慣搞七捻三／沒有計畫性／有勇無謀／基本能力不足

從空無一物
創造出東西的人
真厲害！

年輕俊俏的創意人士！
掌管創造的宇宙鍊金術師

故事　愚者遇到的第一個人是掌管創造的年輕魔術師。他是「無」中生「有」的創意人士，愚者在他身上學到創造力。他同時也象徵了人生正式開始之意。

卡 牌 帶 來 的 教 誨

指天的權杖象徵男性特質。據說第二十二張卡牌「世界」裡的其中一根權杖是愚者重生時拿來交給魔術師的。

頭上無限大的符號與腰上的銜尾蛇（Ouroboros）都代表了永恆。

桌上的道具象徵他能掌控所有元素。

紅色袍子（最高領導人才能穿的顏色）與白色衣服代表未來有無限可能。

白色百合花代表純潔，紅玫瑰代表熱情。

黃色背景是太陽的能量，象徵沒有憂慮。

THE MAGICIAN.

彌 彌 告 重 點

魔術師高舉右手的權杖，左手指地，頭上是象徵無限大的符號（Infinity 或莫比烏斯帶）。

桌上擺了魔杖、硬幣、劍與聖杯，分別是四大元素 —— 火、地、風、水 的象徵，匯集在一起便是鍊金術。

抽到這張卡牌代表創造性，事物正式開始，愛情萌芽與上進心等等，比 愚者更穩健踏出一步。

正 位 關 鍵 字	逆 位 關 鍵 字
有創意的／具體的開始／創造／超意識／獨特性／才能／靈巧／展開戀情	沒品味／缺乏想像力／遊戲人間／狡猾／缺乏技術／低潮／沒點子

這位女子感覺神秘又難以親近，但是好像很博學多聞。

神秘領域的守門員！
連結神祇領域的月亮女神

故事 愚者接下來遇到的是感覺有些冷淡的女性，看起來冰雪聰明，卻也散發難以親近的氣息。這是理所當然的，因為對方是連結神祇領域的女教皇。愚者遇見她之後，明白這世上存在著許多需要敬畏的事物，並且從這些事物身上學到知性與神秘。

卡 牌 帶 來 的 教 誨

左右兩側灰色與黑色的柱子象徵「陰陽」、「光影」、「男女」等相反事物的平衡。

藍色衣物象徵與高次元有所連結。

藍色背景象徵隱藏的知識。

石榴代表女性特質。

智慧之王所羅門王所建造的聖殿立了兩根柱子，分別命名為雅斤（JACHIN）與波阿斯（BOAZ）。女教皇站在這兩根柱子前。

懷中的卷軸是神祇的經典，不會輕易對外公開。

新月代表掌管月亮的世界。

彌彌告重點

女教皇的眼神總有些冰冷，站在象徵陰陽的柱子前方，懷中是記載神秘知識的卷軸，只會對特定人士公開。

頭上的皇冠既像太陽，又像月亮；腳邊是巨大的新月，充滿代表神秘的要素！出現這張卡牌代表靈感、通靈、知性的、冷靜沉著、常識與柏拉圖式愛情等狀態。

正位關鍵字

知性／真理／聰明／良知／
清純／觀察／理論／超自然／
通靈／柏拉圖式愛情

逆位關鍵字

偏見／歇斯底里／強詞奪理／
不識相／霸道／不性感／保守／
潔癖／獨自一人

所有女性的幸福象徵！
愛與豐饒的女神

故事 愚者遇到的下一個人也是女性，但是氣質與女教皇完全相反，看起來落落大方又和藹可親。這位是象徵愛與豐饒的女皇，教導愚者何謂「慈悲之愛」。

卡牌帶來的教誨

黃色背景是太陽的能量，象徵沒有憂慮。

石榴圖案的衣物象徵身上散發的女性特質。

盾牌上的女性符號象徵保護的力量、愛的力量。

頭戴十二顆星星的皇冠代表是聖母瑪利亞。

流經森林的河流與鬱鬱蔥蔥的綠意是培育世界萬物的豐饒意象。

有一說稍微隆起的腹部象徵懷孕。

結實纍纍的麥穗代表富饒繁榮。

彌彌告重點

女皇在富庶的作物與豐饒的大自然環繞之下，優雅地坐在椅子上。腳邊的盾牌上是象徵女性（金星）的符號。她是下一張卡牌「皇帝」的妻子。由於是已婚女性的象徵，因此代表慈愛與女性特質。女皇看起來也像是孕婦。聖母瑪利亞的象徵是頭上有十二顆星星，卡牌中的女皇皇冠上也有十二顆星星。出現這張卡牌代表幸福、滿足、家庭、安穩與會結婚的戀情等狀態。

正位關鍵字	逆位關鍵字
女性的幸運／愛／慈愛／收穫／母性／成熟的女性／豐饒／懷孕／家庭／充實的心靈	壞心眼／過度保護／虛榮心／物慾／家庭失和／對子女帶來負面影響的家長／離婚／嫉妒／隨便／謊言

4

皇帝

> 聽說他是剛剛那位女性的丈夫！看起來很可怕，不過充滿領袖魅力！

源源不絕的領袖魅力與領導能力！
英勇威武的皇帝

故事 　愚者見過溫柔的女皇後，再來見到的是女皇的丈夫「皇帝」。皇帝個性嚴酷，充滿威嚴。愚者在具備領袖魅力的皇帝身上學到了：想要成功或達到帥氣的境地，必須先付出。

卡牌帶來的教誨

石頭的寶座象徵永不腐朽的地位。

右手有柄的十字「生命之鑰」，代表他掌控了所有生命。

紅色衣物通常象徵法律、政治與宗教等領域的領導人。皇帝則是政界的最高領導人。

大家有發現到看似橘色的背景其實是黃底加上紅色的細線嗎？這讓人感覺皇帝不是只有光明的未來，也帶有些許血腥。

左手的玉石代表皇帝掌控所有物質。

後面的石山代表必須克服的試煉與困難。

寶座上的羊頭是十二星座之首，代表強大的領導能力。

彌彌告重點

皇帝散發威嚴，端坐在不會腐朽的石頭寶座上俯視眾人，象徵男性特質。右手是古代埃及的「生命之鑰」，左手是代表物質的玉石，貌似掌管萬事萬物。

卡牌背景是寸草不生的險峻山脈，沒有人煙，寂寥的畫面顯示王者高處不勝寒。出現這張卡牌代表行動力、能力優秀、攻擊，掌握金錢與認真戀愛等狀況。

正位關鍵字	逆位關鍵字
商業上成功／實行／建設／遠景／父性／行動力／領袖魅力／權力最高峰／社長	支配／獨裁／自私／占有慾／強硬／失去自信／傲慢／頑固／過度自信／降級／權力慾

包容一切的慈悲眼神
引領眾人的教皇

故事 愚者接下來遇到的是教皇，也就是侍奉神祇的神職人員中地位最高者。他本身就是法律，不需要藉助神明的經典。面對任何人都是懷抱慈悲之心來教誨。愚者在他身上學到慈悲之心。

卡牌帶來的教誨

背後兩根柱子代表教皇是守護聖域的人選。

紅色衣物象徵法律、政治與宗教等各個領域的領導人。教皇是宗教界的最高領導人。

唯有職位最高的神職人員才能把數字「三」穿上身，例如三重十字架與三層的皇冠。

灰色的背景代表守護經典勝於情感的強烈意志。

教皇「對眾人公開的教誨」。兩名弟子身上服飾的圖案分別是「百合」與「玫瑰」，象徵純真無邪與奔放熱情都在教皇掌管之下。

彌彌告重點

教皇的眼神充滿慈悲與威嚴，正在教導兩位神職人員。右手代表上天的祝福，左手是象徵「三位一體」的三重十字架，頭上戴的是三層皇冠，這些元素象徵教皇的力量（也就是基督教的三位一體）足以影響人類的身心靈，腳邊的兩把鑰匙代表教皇可以打開通往天國的門扉。這張卡牌象徵神祇的存在與靈性，因此出現時代表信仰、指導能力、慎重的戀情，充滿魅力的個性與協助周遭的人。

正位關鍵字	逆位關鍵字
慈悲／援助整體／親切／保守／維持／傳統的／友愛／正當性／宗教巔峰／教育	雞婆／過於認真／享樂／八面玲瓏／孤立無援／遲鈍／怠慢／同情心／無人援助

戀愛總是充滿迷惘？
無論哪個時代的人總是下不了決心

故事 愚者一路上遇到很多人，終於來到學習何謂「戀愛」的階段。這對男女貌似十分幸福，不過女方究竟在看哪裡呢？戀愛好像是件很複雜的事⋯⋯

卡牌帶來的教誨

天使背後是照射
兩人的太陽。

蘋果樹上有蛇，
令人聯想到伊甸
園。

據說裸體的男女
分別是亞當與夏
娃。夏娃並未看
著亞當，而是望
向上帝。

天使據說是大天
使拉斐爾，在伊
甸園負責保護與
引導亞當和夏娃。

天地之間的藍色
背景，或許意味
戀愛的結果只有
老天爺才會知道。

彌彌告重點

蛇纏繞在蘋果樹上，貌似亞當與夏娃的男女受到天使祝福。令人在意的
是，蛇位於女方的後方。以為兩人情投意合，仔細一看女方似乎還猶豫
不決。這張卡牌象徵伴侶，同時也代表「優柔寡斷」。卡牌的意義非常清
楚，卻又隱含深意。出現這張卡牌時代表有戀愛的機會、必須做決定的
時機，亦有表裡不一、優柔寡斷，從友情發展為愛情等狀態。

正位關鍵字	逆位關鍵字
戀愛／選擇取捨／社群媒體／ 行動決策／合作關係／ 根據直覺決定／共鳴／性	表裡不一／外遇／離別／ 腳踏兩條船／沒定性／ 不善溝通／離婚／無法決定

已經這麼厲害了
還繼續挑戰，
真了不起～

不曾滿足於現況！不斷前進！
年輕王子充滿行動力

故事　愚者告別教導他何謂戀愛的戀人，再度展開旅程。下一位是年輕的王子駕駛戰車，奮勇前進。他明明已經地位與榮譽在手，卻不曾滿足於現況，還打算繼續擴張領土，精力充沛。愚者在他身上學到了挑戰的精神，以及想要成長就得奮鬥。

卡牌帶來的教誨

頭盔上的星星象徵勝利。

手上的權杖象徵男性特質。

腰帶上的星座與星星代表他具備這些星星的力量。

黃色背景是太陽的能量，象徵沒有憂慮。

戰車上有古埃及的有翼圓盤，象徵神明庇護。

白色的史芬克斯代表理性，黑色的史芬克斯代表本能。

彌彌告重點

年輕的王子率領著代表陰陽的史芬克斯前往戰場。他充滿智慧與勇氣，青春洋溢，讓史芬克斯對他俯首稱臣；行動範圍遼闊，移動得越遠，越容易成功。

頭盔上的星星代表勝利，右手的權杖象徵行動力。王子雙眸直視前方，感覺充滿自信，相信自己必勝。出現這張卡牌代表克服、發展、移動，邁向其他世界與進行快速的戀情等狀態。

正位關鍵字	逆位關鍵字
勝利／征服／行動／努力／克服／獨立精神／國外／年輕／開拓精神／移動／迅速	過度自信／輸掉比賽／能力不足／最差的時機／不成熟／自大／失敗／無精打采

8

不是只有力量！
愛與勇氣帶來奇蹟的原動力

故事　愚者接下來遇到野生的獅子與馴服獅子的女性。女性並不是以力服獅，獅子卻乖乖俯首稱臣。為什麼她會具備這種神奇的能力呢？愚者在她身上學到「力量」與「強大」是來自於勇氣、專注力與毅力。

卡牌帶來的教誨

女性頭上的無限大符號代表人類和她一樣，具備無限的毅力與勇氣。

黃色背景是太陽的能量，象徵沒有憂慮。

白色衣物象徵具備純真無邪的力量。

後方的青山寓意人生目的（人生藍圖）或是神祇的領域。

據說獅子代表人類內心的衝動與慾望。她看來已經完全被馴服了。

彌彌告重點

女子頭上有無限大的符號，正在馴服獅子。另有一說獅子嘴裡銜著鑽石，女子正在等待取出鑽石的時機。要從獅子口中取出鑽石需要勇氣與強大的專注力，這也代表毅力能帶來奇蹟，因此這張卡牌又名為「奇蹟的卡牌」。出現這張卡牌代表熱情、積極、獨立，感情與理性取得平衡，本能上互相適合的戀愛等狀態。

正位關鍵字

奇蹟／勇氣／決心／意志／
信念／整合本能、理性與感情／
絕佳時機／同步

逆位關鍵字

不幸／過度自信／愛慕虛榮／
怠惰／濫用權力／中傷／逆境／
苦難／缺乏勇氣／粗暴的戀情

傳授各類智慧給新世代主人翁的智者

故事 愚者結識各類人物之後，吸收了許多知識，現在甚至還遇上類似《星際大戰》尤達大師的人物。對方獨自一人佇立於荒野之中，貌似個性固執，但卻博學多聞。愚者在他身上學到許多有趣的事物，其中最重要的是「真理」。

卡牌帶來的教誨

六角星是帶領眾人邁向真理的光芒，同時代表這位智者的能力甚至能將六角星關在燈籠裡。

略帶藍色的灰底象徵老人雖然孤獨，卻是具備高度靈性的高次元人物。

老人身著連帽衣物，似乎在隱藏自己。

枴杖象徵男性特質。

白色荒野的白色一說是雪，一說是雲。

THE HERMIT.

彌彌告重點

卡牌上畫了一名孤單老人提著燈籠，燈籠上有六角星的圖案。他獨自一人佇立在空無一物的白色荒野，正是所謂「孤高之人」。他精通所有事物，累積許多經驗，所以才自願孤獨一人。但是他願意把腦中的知識交給自己認為有望的人，所以想要把智慧傳授給下一個世代。出現這張卡牌代表藏鏡人、有能力，認真面對自我，秘密的戀情與悄悄推動的計畫等狀態。

正位關鍵字	逆位關鍵字
真理／思量／探究／回歸內在／深思熟慮／老人／大師／藏鏡人／成人的戀情／邏輯	乖僻／繭居／權力集中於一人／批判／外遇／頑固的老人／過度敏感／吃苦／神經過敏／秘密

人類委身於命運
如同轉動不止的車輪

故事 　愚者旅途中出現形形色色的邂逅，不過這次遇上的對象有點奇妙，居然是個奇怪的車輪。肉眼看不見的力量促使車輪轉個不停。愚者因而知道這個車輪是「命運之輪」。他看見人類只能委身在車輪之下，了解「人類無法操控命運，而是受到命運左右」。

卡牌帶來的教誨

四個角落的動物代表組成宇宙的四大元素（風火地水）與不會移動的方位等等。

車輪代表命運輪迴，不捨晝夜。環繞車輪的史芬克斯、阿努比斯和象徵賽特神的蛇等都是「怪物」。車輪中的文字既是「塔羅」，也意味「鍊金術」。

背景的藍色意指命運在人類理解的範疇之外，也是神祇所掌控的領域。

彌彌告重點

車輪持續不斷轉動。原本是史芬克斯舉劍君臨，總有一天會移動到下方。位於四個角落悠哉閱讀的分別「有翅膀的獅子／火」，「有翅膀的公牛／地」，「天使／風」與「老鷹／水」，代表四大元素與方位等不變的事物，彷彿強調人的命運總是輪迴不已。出現這張卡牌代表急速變化，運氣好轉，轉換期與命中注定的邂逅等狀態。

正位關鍵字	逆位關鍵字
嶄新局面／命運好轉／改變形象／轉折點／轉換期／命中注定的對象／有人連絡	錯過機會／急速惡化／改革失敗／遭人逆轉／不幸／沒有變化

眼神銳利是為了
要貫徹正義吧！

身著紅衣的執法看守
教導人類何謂正路

故事 愚者看到人類遭到命運左右後，遇到了眼神像是能看
透一切的人物。這個人看起來既像是男性，也像是位
女性。他是執法的看守，負責守護正義；做出客觀公平的判
決，不會受到感情左右。愚者在他身上學到世界上有不會動搖
的「正義」與「正確」。

卡牌帶來的教誨

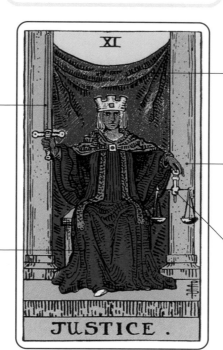

右手握的是大天使米迦勒用來定罪的劍，代表他面對罪惡毫不寬容。

代表太陽的黃色遭到紅色布幔遮掩，象徵單憑情感與愉快的情緒無法守護法律。

兩根柱子代表嚴格的法律。

紅色衣物象徵法律、政治與宗教等各個領域的領導人。正義則是法界的最高領導人。

左手的天秤據說源自古希臘女神泰美斯，象徵公平審判。

彌彌告重點

卡牌上的人物右手舉著大天使米迦勒用來定罪的劍，左手的天秤源自古希臘正義與法律女神泰美斯用來公正裁量的天秤形象。貫徹正義的嚴厲眼神強調卡牌的威嚴氣氛。紅色衣物在塔羅的世界代表著該領域地位最高者。出現這張卡牌代表光明正大、法律、和平，行使權利與誠實的戀情等狀態。

正位關鍵字	逆位關鍵字
公平／清算／勝訴／需要解決／ 公開的戀情／合約／ 法界的最高掌權者	不公平／滋生不滿／ 不照顧身體／鑽漏洞／失望／ 冷漠／缺乏人情味的判斷／敗訴

不惜犧牲自我！
為了眾人而遭到倒吊的男子

故事 　愚者在人間遇到的最後一個人是一名倒吊的男子，這個畫面帶給他強烈的衝擊，男子被倒吊不是因為自己的過錯，而是為了他人犧牲自我。男子相信撐過這場苦難之後必定能迎來光明，愚者在他身上學到了「犧牲自我」的精神。

卡牌帶來的教誨

T字型的樹木象徵十字架。

雙腿交叉成阿拉伯數字「4」的形狀。「4」在占星術中代表「木星」，木星有擴張、膨脹的意涵，因此雖然眼前會持續吃苦，之後也會迎來擴大的好運。

灰色的背景象徵目前單憑情感與行動都無可奈何。

綠色的葉子代表生命力。

藍色衣服暗示男子與神祇的領域有所連結。

背光象徵男子犧牲自我的榮耀與榮譽。

彌彌告重點

為什麼這名男子會倒掛在樹上呢？難道是因為犯了錯而受到處罰嗎？男子倒吊的理由有諸多說法，例如為了他人而遭到倒吊，或是成為儀式的祭品。但是男子頭部後方有小小的背光，臉上表情也絲毫不見苦楚。看起來是不是很像為眾人示範，儘管目前承受苦難，未來想必會是一片光明呢？出現這張卡牌代表犧牲自我，目前行動也不會有好結果，等待時機與無法動彈的戀情等狀態。

正位關鍵字

辛苦獲得回報／促進心靈成長的試煉／學會犧牲自我的精神／吃虧就是占便宜／離成果還很遙遠

逆位關鍵字

理性降低／無疾而終／犧牲自我／徒勞／遭人利用／過於奉獻

死亡代表永恆。
掌管結束與再生的永恆卡牌

故事 愚者經歷了各種邂逅，增加了許多見識。最後終於迎來任誰都無法逃避的「死亡」。他在凡間的功課雖然告一段落，不過死後似乎還有另一個世界在等待著他。生命結束之後投胎轉世，重新來到人世間。人類的生死或許也只是時間流逝的結果。愚者的旅程尚未終結。

卡牌帶來的教誨

死神頭上的紅色羽毛來自不死鳥鳳凰，象徵著重生。（咦？這好像和愚者頭上的羽毛一樣？）

灰色的背景象徵非生亦非死的灰色地帶。

倒臥在地的似乎是國王。即便地位崇高，凡是人終有一死。

旗子上的白色玫瑰象徵「空無一物」，這或許和愚者開始旅行時手上的白色玫瑰是同一朵？

在柱子之間閃耀的太陽代表嶄新未來即將誕生。

旗子右側是陽間，代表生死如同白馬前進，是自然的道理。

彌彌告重點

塔羅牌的世界認為左側是過去，右側是未來。白馬朝未來前進，旗子逆風朝未來飄盪。位於白馬前進方向的人都活著，位於後方的人類則已經死亡，就算是國王也不例外。這意味無論身分地位，人生在世終須一死。這張卡牌象徵人世間的道理，同時代表永恆。出現這張卡牌代表結束、分手、離婚，活動停止與乾脆放棄才有所得等狀態。

正位關鍵字	逆位關鍵字
死亡／結束／停止／永遠／人世間的道理／不可思議的力量／失戀／歸零／離婚／孤立	再生／投胎轉世／重新來過／已經結束的事物復甦／事態出現變化

完美平衡的世界！
有節有制的天使管理永恆的平衡

故事

愚者結束在陽間的旅程，來到神明的世界。首先遇到的是掌管世界平衡的天使。想要進入神祇的領域，必須先學會靈魂的協調與平衡。

卡牌帶來的教誨

額頭上的裝飾象徵太陽。

胸前的三角形象徵鍊金術。

後方的青山代表人生目的（人生藍圖）或是神祇的領域。

這條路通往神祇的領域。

灰色的背景象徵非生亦非死的灰色地帶。

倒水與接水的兩個聖杯象徵男性與女性特質，以及陰與陽等相反的要素。

一腳踏地，一腳入水，取得平衡。

TEMPERANCE.

彌彌告重點

巨大的翅膀朝左右展開，水在手上的兩個聖杯之間移動。一腳踩在大地上，另一隻腳踏入水中，象徵萬事萬物都建立在平衡與和諧之上。成對的聖杯代表男性與女性特質，意識與無意識，陰陽、水火與靈肉等相反的要素，身上有翅膀的人物是連結這一切的「仲介」——據說是大天使米迦勒。出現這張卡牌代表穩定、節儉、純愛與有分寸的交往等狀態。

正位關鍵字
完美平衡／完全協調／順應／控制／雙贏／和平的家庭／中庸／純愛

逆位關鍵字
無法平衡／夥伴之間或家庭失和／極端的狀態／價值觀相異

無法抵抗違反道德的誘惑……
無論哪個時代，惡魔總在耳邊誘惑

故事 愚者在神祇的領域門口，學會了靈魂的和諧之後，第一個造訪的是地獄。他在這裡遇到惡魔。惡魔腳邊有一對半人半妖的男女，遭到鎖鏈束縛。可是兩個人竟然貌似滿足於現況……愚者在這裡學會何謂慾望，以及慾望所帶來的束縛和對慾望的執著。

卡 牌 帶 來 的 教 誨

顛倒的五角星是喚醒邪惡事物的惡魔力量。

上半身是人類，下半身是野獸，代表暴力的本能無法仰賴理性制約。

鎖鏈似乎馬上就要解開了。

黑色的背景象徵著黑暗與威脅。

男女以鎖鏈綑綁在一起，男生臀部的火焰象徵暴力與毀滅，女性臀部反過來的尾巴則象徵神聖的事物顛倒。

彌 彌 告 重 點

惡魔張開類似蝙蝠的翅膀，腳邊是一對裸體的男女，遭到鎖鏈綑綁。兩人頭上長角，可以說是妖魔的使者，也象徵人類。脖子上的鎖鏈鬆垮，彷彿輕易便能甩開。但是無論哪個時代，無法抵抗違反道德誘惑的人是不會自行解開，或該說是解不開鎖鏈。出現這張卡牌代表野心、利己主義、孽緣，不善抗拒誘惑與生活墮落等狀態。

正 位 關 鍵 字

慾望／心理制約／束縛／誘惑／
肉慾／暴力／拘禁／墮落／
惡劣環境／犯罪／算計／野心

逆 位 關 鍵 字

短期的商業機會／解放／
斬斷孽緣／出口／
脫離怠惰的狀態／恢復

上天對驕傲的人類發出制裁！
高塔因為雷劈而倒塌

故事　愚者一開始便遇上惡魔，下一步又目睹更為可怕的光景。人類為了接近神祇而建造石塔，引來神明發怒。面對上天打雷破壞石塔，人類無計可施，自塔上墜落。愚者在此學到人類的傲慢是多麼愚蠢，以及神明發怒又是多麼恐怖。

卡 牌 帶 來 的 教 誨

象徵人世間權力的皇冠在神明面前也是轉瞬破滅。

雷的日文發音與「神鳴」相同,有神明怒意的意思。

三扇窗戶,「三」是象徵神祇的數字,窗戶冒出火代表神明的憤怒。

墜落的人類比喻無論身分地位如何,都會遭到神明懲罰。

高塔象徵人類傲慢的模樣。

黑色的背景象徵黑暗與威脅。

THE TOWER.

彌 彌 告 重 點

驕傲的人類自以為能達到神明的高度,於是建造起高塔,引發神明打雷制裁。面對突如其來的意外,人類無計可施,連逃跑的時間都沒有,便從塔上墜落。

出現這張卡牌代表意外、突如其來的麻煩,半強迫的變化與原本不為人知的戀情曝光等狀態。

正 位 關 鍵 字	逆 位 關 鍵 字
破壞/坍塌/敗局/反彈/ 基礎崩塌/意外/天災/ 從零開始	九死一生/外遇遭人發現/ 剩下最重要的事物/ 即將毀滅之前停下

閃耀的星星與永不乾涸的泉水！
美之女神所建立的美麗園地

故事 愚者被可怕的景象嚇得渾身顫抖，下一個造訪的地方卻和平寧靜，閃耀星星的光輝。一名美女赤身裸體，手持水壺，將壺中源源不絕的水倒向大地。愚者在此學到人類要是永遠秉持希望，便能永保美麗。

卡牌帶來的教誨

巨大的星辰象徵
希望與理想。代
表找到通往目的
地的道路。

有一說這七顆星
星是指引方向的
北斗七星。

藍色的背景象徵
此處是神明或宇
宙的領域。

永不枯竭的水壺
象徵孕育生命的
泉源。

不著片縷的女性
是維納斯，象徵
美。

THE STAR.

彌彌告重點

手持水壺的女神頭頂是巨大閃耀的星星。星星象徵希望。最為閃耀的星
星四周還有七顆星星，象徵神造天地需要七天，一星期有七天，宇宙的
週期為七，以及人類無法操控的生命能量週期。但是星星遠在天際，因
此這張卡牌多半象徵需要時間方能看到成果。這張卡牌出現代表美、嶄
新的價值觀與遇見理想的對象等狀態。

正位關鍵字

希望／理想／潛能開花結果／
啟示／耗費時間終將成功／
嶄新發現／美

逆位關鍵字

嚴酷的現實／人際關係不佳／
理想過高／淪為千篇一律／
目標錯誤

生物在夜晚蠢動
月亮的世界混合了希望與不安

故事　愚者接下來造訪的是只有月光照耀的夜晚世界，一切
朦朦朧朧，看不清楚輪廓，令人感到不安。對於在不
變中尋求安心的人而言，面對月有陰晴圓缺一事莫名心神不
定。愚者在這個世界學到「變化」與伴隨而來的「不安」。

卡牌帶來的教誨

月相盈虧代表經常遞嬗轉換的事物。

藍色的背景象徵神明或宇宙的領域。

兩座門後方的青山象徵人生目的（人生藍圖）。

蠢動的生物（狗、胡狼、蠍子）都是晝伏夜出，比喻夜晚令人不安與恐懼。

彌彌告重點

月亮明明掛在天上，從地球上來看卻有陰晴圓缺。倘若普遍存在的事物叫人安心，經常變化的月亮自然會令人忐忑不安。夜行性動物是從月光獲得力量。古人曾經認為狗代表疾病，胡狼代表死亡，蠍子代表不吉利。但是到了早晨，這些動物便回到巢穴，消失得無影無蹤。這張卡牌出現代表不安、不滿，惡化的情況不為人知，人際關係不和與虛偽的愛情等狀態。

正位關鍵字	逆位關鍵字
不安／秘密／危險性／無法發揮直覺／謊言／背叛／不獨立自主／逐漸惡化	逐漸好轉／花費時間的戀情／雲開見日／逐漸暴露的真相／長期型投資

好閃亮也好歡樂！沐浴在陽光下竟然是如此快樂的事！

閃耀的光線與熱情的旗幟！
太陽的世界充滿能量

故事 經歷月夜後，迎來的是閃亮的太陽。沐浴在充滿幸福能量的陽光下，萬事萬物都洋溢著喜悅！孩童騎著白馬，天真無邪，毫無戒心。咦？孩童頭上的紅色羽毛難道是愚者一開始戴的羽毛？難道愚者投胎轉世成這個孩子了嗎？

卡牌帶來的教誨

太陽與向日葵正是能量與生命力的象徵。

紅色羽毛來自不死鳥鳳凰，象徵重生。這個孩童或許是愚者？

直線與曲線的光線代表兩種力量合而為一或取得平衡。

藍色的背景象徵神明或宇宙的領域。

紅色旗幟象徵著熱情與勝利。

白馬象徵純真無邪與生命力。

彌彌告重點

孩童沐浴在燦爛的陽光下，騎著白馬，手舉著象徵熱情的紅色旗子，精神飽滿。背後綻放了許多向日葵。有一說巨大的人臉太陽與頭上有紅色羽毛的兒童象徵鍊金術中的「賢者之石」。倘若如此，兒童也代表耶穌之意。

出現這張卡牌代表幸福、情投意合、得子、得天獨厚與充滿活力等狀態。

正位關鍵字	逆位關鍵字
幸福／陽性／光／活力／滿足／幕前／兒童／成功／音樂／精神獲得滿足／公開的情況	損失／陰性／生病／計畫中止／不受歡迎／劇烈的爭吵／失敗／無法結婚／流產／家庭失和

莊嚴的天使吹響號角喚醒眾人
催促做出決定的最後審判

故事　愚者的旅行終於來到尾聲，出現在他眼前的是「最後的審判」。天使吹響號角，帶來喚醒死者的奇蹟。號角似乎代表不能錯過的機會，以及通知覺醒的時機。愚者在此學到有些機會絕不能錯過。前往已經建立完成的美好世界必須先通過嚴格的最後審判。

卡牌帶來的教誨

吹響號角的天使
代表大天使加百
列最後的審判。

紅色十字架代表
救濟死者，讓死
者復活之意。

藍色的背景象徵
神明或宇宙的領
域。

遠方似乎是代表
人生藍圖的青山。

死而復生的人在
此接受最後審
判，錯過了這次
機會就再沒有下
次。

彌彌告重點

這張卡牌代表的狀況多半是結束——反覆相同行為不過是浪費時間，
必須掌握機會，以及不該再猶豫不決。充滿威嚴的天使吹響號角，告知
人類「就是現在」！號角聲隱含了要是錯過現在，便會被狠狠甩下的嚴
厲。出現這張卡牌代表復活、覺醒，機會到來與原本放棄的事再度獲得
機會等狀態。

正位關鍵字	逆位關鍵字
復活／覺醒／認可／勝利／ 結束／改變意識／最大的機會／ 下定決心的時候／神明的指引	不會有機會／完全結束／ 錯誤的決定／挫折／ 無人救援／噩耗

代表永恆的月桂樹！
世界的盡頭也是起點

故事　經歷最後的審判，愚者抵達完成的世界。一路上增廣見聞，收穫豐富，終於明白何謂「完成」與「達成」。愚者的冒險在重生抵達新世界之後告一段落。但是愚者真的能就此認定自己已經了解一切了嗎？或許下一個次元的冒險正在等待自己也不一定。

卡牌帶來的教誨

月桂冠是以無限大的符號所結合。

藍色的背景象徵神明或宇宙的領域。

手上兩把權杖代表女性特質。另有一說愚者獲得其中一把權杖，回到故事起點，把權杖交給魔術師。

四個角落的動物與天使象徵四大元素。不同於命運之輪的是他們手上都沒有書，代表已經達成完美無瑕的狀態。

彌彌告重點

　　大阿爾克納的終點是「世界」。月桂冠的四個角落分別是獅子、牛、天使與老鷹，代表火、地、風、水四大元素。完整無缺的月桂冠中是手持權杖的女性（雙性）。有一說是象徵接棒，前往下一個階段，也就是輪迴。換句話說，這張卡牌象徵的不是完結，而是朝向更高次元的起點；代表完成、滿足、完美、好運、康復、目睹完成，以及達成目的等狀態。

正位關鍵字	逆位關鍵字
完成／整合／達成／成就／完結／輪迴／走向廣大世界／外界／頂峰／異次元／國外	未完成／經歷考驗的戀愛或婚姻／不孕／與家人之間的阻礙／必須更上一層樓的時刻

大阿爾克納分為
「神之領域」與「高手的領域」

跟隨愚者進行一趟冒險之後，本節將介紹其他提供靈感的規則。了解這些邏輯，更能擴大解讀的深度！

注意超級巨星與明星

相信無論熟悉棒球與否，應該都知道職棒明星賽——從各支職棒球隊選出兼具人氣與實力的球員來比賽吧！

單用大阿爾克納來算塔羅牌，就像只有獲選的明星球員來比賽。這種比賽陣容想必相當壯觀。

光是能當上職棒選手就已經很厲害了，獲選參加明星賽的球員更是高手。

塔羅牌是由二十二張大阿爾克納搭配其餘五十六張卡牌來占卜。假設小阿爾克納相當於一般具備實力的職棒選手，**每一張大阿爾克納都具備強烈的深意，相當於參加明星賽的球星**——這可是從所有人當中挑選出的二十二名菁英。

但是這些球星當中，又有已經達到神之領域的「超級巨星」！
目前活躍於大聯盟的大谷翔平便是家喻戶曉的知名棒球選手。以卡牌來譬喻，便是下一頁圖表上方「神之領域」的八張卡

TEMPERANCE.　THE DEVIL.　THE TOWER.　THE STAR.　THE MOON.

THE SUN.　JUDGEMENT.　THE WORLD.

神之領域
（超級巨星）

DEATH.

高手的領域
（明星）

THE CHARIOT.　STRENGTH.　THE HERMIT.

WHEEL of FORTUNE.　JUSTICE.　THE HANGED MAN.　THE FOOL.　THE MAGICIAN.

THE HIGH PRIESTESS　THE EMPRESS.　THE EMPEROR.　THE HIEROPHANT.　THE LOVERS.

牌之一。

出現這種卡牌代表眼前出現大好機會，或是嚴重的危機。

解讀時比高手領域的卡牌更進一步，準確率才高。

死亡由於位於神之領域與高手的領域交界，具備雙方的屬性。必須根據問題來判斷意義。

逆位反而象徵正面意義的卡牌

幾乎所有大阿爾克納的卡牌都是正位隱含積極正面的意義，但是標註有紅色星號的卡牌反而是逆位才是正面意義。

雖然是件小事，不過還是記住「惡魔」、「高塔」、「月亮」、「死亡」這特殊的四張牌吧！

背景的顏色也能刺激解讀靈感

了解背景顏色的關聯性，也有助於解讀。

神祇的領域當中，從「星星」到「世界」的背景都是淡藍色。因此淡藍色也可說是連結神祇或宇宙的顏色。

高手的領域當中，「命運之輪」與「戀人」等卡牌的顏色也是淡藍色。想到「唯有神明才會知曉命運的齒輪如何運轉與戀情今後如何發展」，搭配淡藍色也是理所當然。

女教皇的頭紗也是淡藍色。他雖然屬於高手的領域，卻是人類的領域當中唯一與神祇、宇宙有所關聯的卡牌。想到這裡，更是增添神秘的氣息了。

「惡魔」與「塔」等卡牌的背景則是不吉利的黑色。

黃色多半象徵卡牌中的人物沐浴在太陽的能量下，個性開朗活潑。灰色則是「死亡」、「隱士」、「倒吊人」與「教皇」等暗示善惡無法輕易判斷的卡牌。

「皇帝」的背景看起來像是橘色，其實是黃底加上細紅線。所以能夠成為一國之君其實不僅具備太陽明亮的一面，也會沾染血腥的紅色。

如上所言，背景顏色隱含了各種意思。

CHAPTER

3

用「小阿爾克納」
來搭配的解讀

歡迎來到小阿爾克納的世界

第二章藉由愚者的故事，挑戰了解大阿爾克納的意義。要是大家多多少少能感覺到解讀時在腦中想像每個角色與要素的形象很重要就太好了！

繼第二章的大阿爾克納，接下來第三章要介紹的是小阿爾克納。

小阿爾克納一共有五十六張，理解與熟記每一張卡牌實在非常困難。

大阿爾克納每一張卡牌都有明確的意義，單一卡牌就充滿著意象。小阿爾克納解讀的重點在於掌握四種屬性的意義與「趨勢」。本章要介紹的就是如何掌握。

搭配的解讀方式

解讀之前不用熟記五十六張小阿爾克納的所有意義！前文也多次提到，硬背每一張卡牌的意義反而會影響解讀。

但是我還是希望大家至少要了解小阿爾克納主要由下文介紹的要素所組成。只要了解這些要素，加上「搭配（點與線）」便能輕鬆解讀！

小阿爾克納的組成要素

一共分為「四大屬性（四大元素）」，其中又有一到十的數字牌與四張宮廷牌（侍衛、騎士、皇后與國王）。

四大屬性

四大屬性分別是以下的四大元素，希望大家先從元素的形象來掌握。

- **魔杖（Wand）**，**火**：火代表行動、能量、自信、男性特質、幹勁，促使開始的衝動。
- **硬幣（Pentacles）**，**地**：地代表踏實、安定、栽培、自然、工作、肉體、物質的恩惠、持有物、金錢。
- **劍（Swords）**，**風**：風代表知性、戰略、變化、糾結、冷靜、知性活動，公平與不公。
- **聖杯（Cups）**，**水**：水代表愛情、家庭、感情、直覺、女性特質、想像力、人際關係、幸福、悲傷。

數字牌的意義

數字牌共有十張，分別是一到十。掌握四大元素個別的形象搭配數字所代表的趨勢，不需要硬背也能輕鬆記憶意義。

請大家參考下一頁四大元素與數字牌的圖表。

數字牌篇

	1	2	3	4

魔杖（Wand），火

行動／能量／自信／男性特質／促使開始的衝動／幹勁

硬幣（Pentacles），地

踏實／安定／栽培／自然／工作／肉體／物質的恩惠／持有物／金錢

劍（Swords），風

知性／戰略／變化／糾結／冷靜／知性活動／公平與不公

聖杯（Cups），水

愛情／家庭／感情／直覺／女性特質／想像力／人際關係／幸福／悲傷

開始／潛在能力	選擇／分裂	開花／穩定	固定／守護
一是所有能量誕生的瞬間。	存在兩項事物時，產生選擇與分裂。	三是三角。點連成面，進入穩定的狀態。	徹底守護穩定的狀態，或是形成持續的狀態。

74

關鍵是掌握「元素」與「趨勢！」

5	6	7	8	9	10

破壞／困難	克服／和諧	繼續／衰退	歷程／行動	準備／完成之前	完成／過度
四所守護的事物總是遭到破壞，陷入困境。	五克服破壞後，重新回到和諧的狀態。	和諧的狀態轉為衰退或繁榮。	分為事態穩健前進與停滯。	即將完成的狀態。究竟會迎來什麼樣的結果呢？	一切的終點，一切都順其自然。

宮廷牌的重點在於掌握人物的特色，搭配每一種元素的形象，比較容易想像卡牌隱含的意義。

請大家參考下一張四大元素與宮廷牌的圖表。

小阿爾克納的數字牌是以四大屬性（魔杖、硬幣、劍、聖杯）的形象搭配數字的趨勢，所以不需要硬記每一張卡牌的意義也能解讀。宮廷牌也能藉由搭配四大屬性和人物形象來解讀。

單純硬記卡牌的意義反而不利於深入解讀。建議大家參考圖表，掌握小阿爾克納「屬性 X 數字牌」與「屬性 X 宮廷人物」的組合。

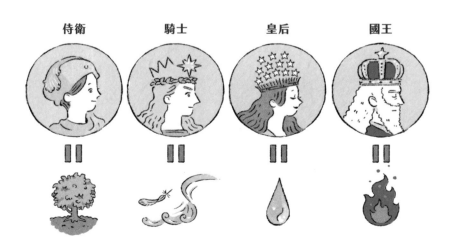

關鍵是掌握「人物的特色」！

  侍衛　 騎士　 皇后　 國王

魔杖（Wand），火

國王

行動／能量／
自信／幹勁／
男性特質／
促使開始的衝動

硬幣（Pentacles），地

侍衛

踏實／安定／
栽培／自然／
工作／肉體／
物質的恩惠／
持有物／金錢

劍（Swords），風

騎士

知性／戰略／
變化／糾結／
知性活動／
公平與不公／
冷靜

聖杯（Cups），水

皇后

愛情／家庭／
感情／直覺／
女性特質／
幸福／悲傷／
想像力／
人際關係

實習／不成熟	年輕／勇敢	女性特質／守護	男性特質／責任
兒童～青年 開始、可能性、幼稚。	青年～成人 挑戰、活動、熱情。	成年～中年 安定、援助、女性的最高地位。	成年～老年 完成、領袖，經驗豐富。

小阿爾克納的
解讀案例

—— 屬性搭配數字的多層意義 ——

數字牌篇

 想要開新的餐廳,該怎麼做才會順利呢?

 出現的是數字牌的「一」。一代表開始,出現正位的一表示
應該會相當順利。接下來瞧瞧搭配其他屬性時的意義。

  × 開始時的幹勁要是跟熱火一樣高昂,應該
會相當順利。

  × 用心教育員工,準備充分資金再開始吧!

  × 仔細制定計畫與戰略,決定規則再開始就
不會出問題。

  × **1** 以客戶為優先,提供無微不至的服務便能
順利進行。

宮廷牌篇

 有個有些心儀的對象，想知道對方的個性。

 出現正位的騎士代表對方是個好青年。
根據與不同屬性的搭配來解讀：

  × 　　不但具備知性，而且還很熱情。

  × 　　懂得制訂戰略，認真又誠實。

  × 　　頭腦冷靜，動作迅速，並且充滿
　　　　　　　　　行動力。

  × 　　待人公平，個性溫柔。

如同上述，根據76～77頁與79頁的圖表來解讀便能事半功倍。倘若想確認個別卡牌的關鍵字，可以參考本書最後的「小阿爾克納關鍵字一覽表」。

CHAPTER
4

自己動手
算算看！

因為能自己算，所以更有意思

看到這裡，大家也動手自己算算看吧！

如同第一章所言，算塔羅牌時的典型步驟很簡單，不過是「**洗牌，切牌，攤開，選牌**」。我認為最重要的是使用自己做得順的方法，所以彌彌告式不堅持上述的步驟。但是為了方便大家踏出第一步，還是先介紹這個最典型的算命方式。

牌卡占卜的第一步

1. 洗牌

洗牌到自己覺得夠了的程度。洗牌方式隨個人喜好！

2. 堆成一疊再切成三疊，每一疊的份量依喜好決定

※ 為別人占卜時，請對方分成三疊。

3. 把三疊依喜好的順序收攏成一疊

※為別人占卜時，請對方把三疊重新整理成一疊。

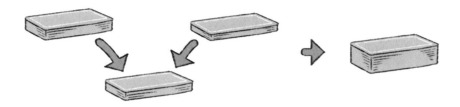

▌ 從「抽一張牌」開始挑戰

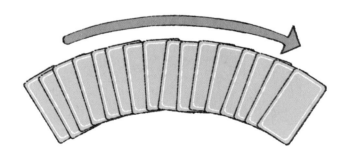

　　「抽一張牌」是把所有塔羅牌排成一排，從中挑選一張自己在意的卡牌，藉由解讀該卡牌來獲得答案。除此之外，「牌陣法」則是挑好的卡牌排在固定的位置，而每一個位置都有其代表的意義。抽一張牌的好處是能立刻占卜，十分方便。

抽一張牌是把收攏好的一疊卡牌攤呈扇形（如插圖所示），一邊思考提問的內容，抽出在意的一張卡牌，解讀卡牌的意義。

抽一張牌的重點在於定義提問。

要是對卡牌提出含糊不清的問題，答案也會隱約模糊。

例如，「我該跟A還是B交往？」卡牌給的答案可能根本看不出來該跟誰交往。可是把問題改成「和A交往會如何？」與「和B交往會如何？」無論結果如何，答案想必非常清楚。

因此**算塔羅牌的關鍵之一在於具體提問。**

抽一張牌看不出答案時，再抽一張牌

有時候只抽一牌會看不出答案。

例如上文提到的A男與B男，兩人的卡牌可能結果都很糟糕。這種時候不妨把問題改成「如果和其他人交往呢？」要是放棄不了，也可以改成「該怎麼做，才能跟A男與B男交往後長長久久呢？」

改變問題，便能從卡牌獲得答案的線索。

彌彌告式的解讀案例

以下根據提問類型來介紹我實際為客戶算塔羅牌的過程。

塔羅牌給予的答案有時溫暖人心，有時嚴厲又獨特。

【戀愛篇】不受一般常識束縛，聽從卡牌的忠告會得到什麼樣的結果呢？

這位客戶是一名二十多歲的可愛女性。

由於外貌出眾，經常遇上男性示好，愛情路上多采多姿。但每次戀愛的壽命也都很短暫，有時不到一個月就又來問我別的對象了。

太受歡迎也不見得是好事。總是有些事情不順心便甩了對方。

但是有一天，她居然自己主動喜歡上人了！

對方是不紅的演員，口袋空空。生活費都由女方支付，在他人眼中是所謂的吃軟飯。

每次她來找我算塔羅牌的原因都很過分。我不僅是以占卜師的身分，站在個人的立場也覺得「早點跟這種男人分手才會幸福吧！」然而每次占卜的結果都是「女皇」正位或「戰車」正位，前者暗示應該繼續投注愛情，後者代表持續挑戰方能獲得勝利，也就是她必須維持這段關係，總是看不到分手比較好的答案。

以一般常識來分析，放棄這段戀情才對女方有利。

但是塔羅牌的占卜結果時不時和我個人的意見，以及社會常理大相逕庭。

算塔羅牌時不能摻雜個人意見，必須原原本本傳達卡牌表示的答案。根據我個人的經驗，要是添加了個人見解，多半會影響解讀的方向。

所以我的建議是繼續維持這段關係。

結果過了好一陣子，她又來找我算塔羅牌時突然對我說：

「彌彌告，我現在得到很了不得的武器喔！」

「什麼武器？」結果她的答案竟然是「菩薩心腸」。

我聽了忍不住捧腹大笑：「哇！你居然得到這麼了不起的武器！」結果一占卜，立刻出現「死」的正位，象徵兩人關係即將結束。明明塔羅牌之前一直勸告她別分手，現在居然對她說：「你們就分手吧！」

她以前總是一個不滿意便甩掉對方，藉由第一次主動喜歡上對方的戀情學會了「奉獻」，也就是學到了「菩薩心腸」。

現在她已經完成了修行，所以卡牌才會要她跟吃軟飯的男友分手。

單純分析兩人的關係，一定會認為這場戀情沒有未來，繼續在一起不過是浪費時間。但是轉換觀點便能發現女方透過這段關

係學到很多，心靈大幅成長。

　　兩人之後的發展基於保密義務不能詳述，不過女方的戀愛觀念的確因此改善，目前已經結婚，過著幸福美滿的日子。

【人際關係篇】客戶認為自己面臨職場霸凌，卡牌傳遞的訊息卻並非如此？

來算命的是一名三十多歲的女性。

一般正是年富力強的年紀，然而她來找我的時候卻是一臉慘淡，彷彿世界末日即將來臨。目的是來諮詢是否應當辭職，理由是主管的職場霸凌。團隊當中只有自己遭到主管針對，要求也格外嚴格，而她已經疲於應付。

我立刻占卜她和主管的關係，出現了「教皇」的正位，代表上位者的使命是引導下位者邁向更高的境界。至於占卜是否應當辭職時，出現「魔杖的六」的正位，象徵勝利。所以我又深入詢問卡牌目前究竟是何種情況，出現的是「聖杯的侍衛」，意味不善溝通與表達情感。所以透過卡牌可知這位主管其實是非常不善於表達自己的心意，特別關照這位客戶卻出現反效果。

客戶的精神狀態一時無法接受這個結果。這也是理所當然的事。我於是建議對方：

「你從明天開始的一星期，試著思考主管的所作所為可能都是基於特別關照你。要是想像了一星期還是覺得對方不過是在找你麻煩，再來考慮辭職如何呢？」

對方認為如果只是一星期，自己應該做得到。要是實在沒辦法，到時候再連同辭職的辦法一併占卜。

客戶再度造訪已經是半年之後的事，我也因而得知事態後續

的發展。

　　占卜完的隔天，她試著改變觀點，一整個星期都乖乖照著主管的吩咐行事，強迫自己相信主管如此囉嗦都是為了自己好，一心一意專注在工作上。結果不僅是主管，連其他部門跟員工都對她口碑載道。

這番變化激發出她原本隱藏的能力，開始對自己產生自信。半年之後，全公司都知道有她這號人物存在。

雖然那位主管有些話的確很有道理，不過因為對方說話方式實在太刻薄，現在客戶依舊很厭惡對方（笑）。

常常有人質疑：「換一天抽卡牌，就會出現不一樣的結果吧？」

這句話的確沒錯，然而出現變化也是理所當然。

這次的客戶在來算塔羅牌之前，認為自己遭到主管職場霸凌。然而收到卡牌的提醒之後，隔天改變觀點：「或許主管是對我有所期待，而不是想霸凌我。」

改變觀點不過是在短短一天之內，狀況與環境不可能隔天立刻出現變化。但是出現的卡牌自然會隨著她轉換觀點而有所不同。占卜的結果會反映觀點的變化。

這是正面的案例。有些情況是當事人十分努力，對方仍舊持續職場霸凌。這種情況出現的多半是「倒吊人」的逆位，象徵沒有意義的自我犧牲。這種時候我會告訴對方最好趕緊逃離這種公司！

倘若情況陷入膠著或是無法解決，則無論抽幾回都會出現相同的卡牌。

◤ 【工作篇】立刻執行占卜的結果！默契促進成長

我有位往來了十年的客戶。對方從事設計工作，起初的煩惱是不知道該往哪個方向發展，以及成果與評價不符。

他抽中的第一張卡牌是「世界」，指示他應當大幅提高層次，出國挑戰。

他原本很猶豫要不要參加歐洲的商展，一聽到卡牌指示立刻湧起幹勁。自此之後，自然而然獲得大量參加商展的資訊，例如按錯電梯樓層，結果電梯門一開，映入眼簾的便是專門經營歐洲旅遊的旅行社；突然增加許多關於商展的人脈等等。

其實工作與占卜的關鍵在於客戶與算命師攜手合作，一同前進。

突然聽到算命師說：「你的機會在國外！」有的人會立刻付諸行動，有些人則是繼續觀望。

這位客戶的做法是毫不懷疑，誠心接受占卜的結果，立刻採取行動。

我要補充一下每個人的行動速度與時機不盡相同，介紹上述的案例不是要求大家一聽到算命師建議就非得執行不可。

但是**我個人的實際體驗是時時把在意的事放在心上，注意相關資訊並且立刻付諸行動的人在工作上也能活用占卜的結果，取得成功。**

與客戶長期合作之後，彼此之間會建立起默契，進而正確掌

握塔羅牌告知的訊息。

　　例如藉由塔羅牌占卜確認「繼續推動這個專案會有什麼樣的發展呢？」出現的答案是「命運之輪」的逆位，代表原本順利的情況會突然惡化。我一告知客戶「卡牌暗示繼續下去會遇上障礙」。對方立刻表示「等我一下，我現在馬上招集同事開會」同時打起電話來。

　　這種做法加速占卜，成果也會隨之而來。

　　除非情況特殊，否則占術師的工作是原原本本傳達占卜後的結果。接下來該怎麼做是客戶的事了。

　　因此和客戶建立信賴關係日益重要。長期合作下來，那位設計師在十多年之後獲頒世界級的設計獎項，目前活躍於設計界。

　　藉由占卜，持續目睹客戶成長茁壯的模樣──這正是占術師最大的成就感之一。

塔羅牌是通往幸福的路標

從事占卜這項職業，客戶對我的要求自然是「算得準」。

以占卜的角度客觀來看，許多領域的成功人士都非常重視占卜的結果，或是自行行動來驗證占卜結果，回饋迅速，因此占卜的結果也格外準確。

當然有些例子與付出的心血無關，而是命中注定或是奇蹟。無論是何種情況，我認為**塔羅牌占卜是引導客戶邁向幸福之路的路標**。

當客戶告訴我算得很準時，我經常告訴對方：「**這是因為你嘗試去做塔羅牌告知的結果！**」塔羅牌其實會詳盡描述發展的方向，占術師的工作是把卡牌的訊息原原本本告知客戶，並且打動客戶鼓起幹勁去執行。

■■■ 「卡牌很溫柔」是什麼意思？

以下介紹一位和我往來多年的客戶案例：

有一次對方來找我占卜某一項煩惱。卡牌明明已經多次顯示解決的方向，對方卻遲遲無法改變想法，總是陷入死胡同。由於屢次不處理，事態每況愈下。最終陷入困境，所有卡牌顯示的都是負面結果。

我於是告知對方：「之前有多次機會，你卻都錯過了。今後很難改善，勸你最好放棄。」

客戶後來怒氣沖沖地離開。我因為交情恐怕將於此告終而難過，幾個月之後卻聽到有趣的回饋。

共通的朋友告訴我，對方回去之後非常後悔，拚命努力，以至於本來應當放棄的案子最後執行順利。

當時我非常感動，心想卡牌真是溫柔。

所有的卡牌都告知負面結果，唯一拯救客戶的辦法便是告訴對方放棄才好。這不是拋下對方，而是直覺告訴我這是最終手段。

我告訴大家占卜的目的不是「**準確**」，**而是讓當事人獲得幸福**。這個案例正是如此。

這位客戶想必覺得我算得一點也「不準」。坦白說我一點也不介意，因為對於他而言，不準才是幸福。

本書教導大家如何算塔羅牌，因此藉由實際發生的案例來說明塔羅牌所傳遞的訊息是多麼豐富。

　　其實塔羅牌占卜充滿各類故事，單憑本書無法說完道盡。相信大家今後接觸塔羅牌的世界，應當會遇上許多驚人的占卜結果。歡迎大家盡情享受塔羅牌占卜。

「大阿爾克納」關鍵字一覽表

正位

0	愚者 (The Fool)		放輕鬆挑戰／好奇心旺盛／冒險精神／熱衷／充滿勇氣的一步／自由精神／嶄新的創意／擺脫既有概念／裝傻的冒牌貨／自然融入的態度／從零開始
1	魔術師 (The Magician)		才華洋溢／提升技術／充滿個性又獨特／能夠靈機應變／看得見未來／能夠發起行動／能夠取得（或是應當）聯絡／多工／率領眾人的領導能力／充滿創意又時髦／嶄新的開始！
2	女教皇 (The High Priestess)		真理／理性的判斷與行動／良知／神性或靈性／禁慾的、處女性／通靈／電話或電子郵件／知性／合理地進行／建立起合理的推測／靈感／保守／祕密的真相／前往各處聖地朝聖／資歷深的女性員工
3	女皇 (The Empress)		幸運／成功／結婚／女性的幸福／居家的／親子／懷孕／安心／吸引他人／興趣／學習才藝／打扮／財產／同情心／人氣／食衣住或身心協調／充實的心靈／溫柔與感謝／母性／適婚年齡的女性
4	皇帝 (The Emperor)		卓越的領袖魅力／能力優秀／執行力／貫徹自己的想法／戰勝競爭對手／活潑／財運佳／物質上獲得滿足／獲勝／制定具體的遠景／認識專家／洋溢的熱情／領袖能力／充滿自信／社長
5	教皇 (The Hierophant)		信仰／涵養／經驗／指導能力／顧問／受到祝福的婚姻／慈悲／許多人或朋友／慎重／重視禮節／人數眾多／官方／因為身分地位比自己高的人或貼心而前途光明／遵守傳統／有誠意
6	戀人 (The Lovers)		戀愛／預感會發生戀情／選擇／一起從事／應當選擇的時候／直覺的判斷／外交／同情／協調／好奇心／表裡不一／站在人生的十字路口／也可以選擇／短期旅行／合作關係／試著透過社群媒體聯絡／溝通
7	戰車 (The Chariot)		克服／努力的時刻／上進心／寬容／成功／發展／追究／前往國外／前往其他世界／擴大行動範圍／獨立精神／離開家／車子等一切移動的物體／順利前進／挑戰新世界／行動便能發現解決方法
8	力量 (Strength)		理性、情感與本能的平衡／有時慎重，有時大膽／發展／自力更生／誠實／獲得結果／開朗健康的狀態／充滿行動力／奇蹟／勇氣／絕佳的機會／優柔的力量／同步力／肉眼看不見的力量／相遇的奇蹟
9	隱士 (The Hermit)		理論上／知性的／機智／認真面對自我／了解自己的立場／思考判斷／記憶／悄悄推動的計畫／能幹／發現祕密的事情／喜愛孤獨
10	命運之輪 (Wheel of Fortune)		好轉的情況／突如其來的幸運／好運來臨／意外的援手／天上掉下來的好運／巨大的變化／改變形象／發明／運氣的轉折點／重要的轉折點／轉換期／交替／接下來好轉／風向轉好

這是大阿爾克納「正位」與「逆位」的關鍵字，大家占卜時不妨參考參考。

11	正義 （Justice）		公平的態度／和平的／友好的／平穩／光明正大／壞事曝光／法律／權利關係／行使權利／獲得認同的努力／以公平的態度面對／理性面對情況／結束／好的房屋或不動產／貫徹正義
12	倒吊人 （The Hanged Man）		犧牲／忍耐／承受試煉／現在的心血會獲得回報／靈魂成長的時刻／犧牲自我／等待時機／水面下逐漸改善，表面上卻還看不出變化的狀態／主動吃苦會成長／必定有希望
13	死亡 （Death）		孤獨／孤立／放手改革／試煉／忍耐／冷漠／靜止／完全停止的狀態／無計可施／歸零／死與重生／永遠／無限循環／舊的不去，新的不來／往下一個發展才會好轉
14	節制 （Temperance）		完美平衡／適應／感受性／平穩／安排／中庸／臨機應變／提升／節約／平穩和諧／有新發現／家庭發生新的事／滿足／調整／中和／零磁場／安心的空間／待起來更舒適
15	惡魔 （The Devil）		算計／野心／權力／不耐誘惑／吊兒啷噹／利己主義／束縛／缺乏上進心／怠惰／墮落／馬虎散漫／錯過機會／看不到出口／惡性循環／危險思想／暴力的／欺騙他人／控制力／只重視眼前快樂的生活方式
16	塔 （The Tower）		事故／爭執／麻煩／改革／刷新／一切淪為徒勞／勉強自己而超過極限／價值觀遭到半強迫改變／事態瓦解／意想不到的事情／危機／災難／戰爭／災害／暴跌
17	星星 （The Star）		希望／理想／新發現／發現價值／擴展視野／變輕鬆／看得見希望／看得見目標／順利／變美／開始朝希望衝刺／耗費時間終將成功／閃耀的日子／美麗的循環／清純
18	月亮 （The Moon）		不安／不滿／懷疑／不規律／遭到欺騙／謊言／背叛／不果斷／無法發揮直覺／漠然的不安／不行動就不會有結果／與鬼魂、信仰、祖先和墳墓等有關／家庭失和／慢慢衰敗
19	太陽 （The Sun）		快樂的／湧現活力／可以滿足／受惠／活力充沛的／勇氣／健全／進步的／官方／接二連三行動／心無罣礙／出現結果／獲得援助／新的開始／順風／成功／名聲／變得有名／成為明星
20	審判 （Judgement）		復活／再生／重歸舊好／機會來臨／回報／原本放棄的事再度獲得機會／努力終於獲得回報／精神方面成長／覺醒的時刻／最後的審判／決定性瞬間／應當趁勢／神明的安排
21	世界 （The World）		完成／滿足／有好運／覺悟／完美的時機／巔峰／看到一項完成／完美／達成紀錄或目的／去遠方／旅行或移動帶來好運／康復／前往更高的階段

逆位

0	愚者 （The Fool）		膚淺的想法／衝動的愚蠢舉動／浪費金錢／習慣浪費／有勇無謀／ 不切實際的愚者／毫無目的感／散漫怠惰／找不到目標
1	魔術師 （The Magician）		缺乏創意，沒有點子／無法行動／錯失機會／沒有才華／ 錯誤的想法／小聰明／沒定性／虎頭蛇尾／聯絡不到／頭腦昏沉
2	女教皇 （The High Priestess）		欠缺理解／不公平／不理智／不假思索／欠缺考慮／ 大道理堆疊而成的知識／冷淡的印象／背叛／利己主義／神經過敏／ 善變／虛張聲勢／變得神經質／不會察言觀色的人或發言／頑固
3	女皇 （The Empress）		過度保護／溺愛／感情用事／虛榮心／問題變得棘手／ 重視物質慾望／家庭發生問題／愛慕虛榮／好色／怠惰／花太多錢／ 流於表面／八面玲瓏／受到母親擺布
4	皇帝 （The Emperor）		傲慢／自私／拒絕他人意見／失去自信／缺乏反省／自以為是／ 受到物慾或情慾所左右／賭輸／暴力傾向／衝動行事／ 生活變得窘迫／虛有其表／擺架子的人
5	教皇 （The Hierophant）		多管閒事／生活散漫／不講究／奢侈／怠惰／愛慕虛榮／虛榮心／ 孤立無援／欠缺與身分地位比自己高的人的緣分／冷漠／遲鈍／ 自私／過於認真／對人嚴苛／小聰明
6	戀人 （The Lovers）		無法決定／過度干涉／模稜兩可而沒進展／注意力下降／背叛／ 別離／煩躁／享樂主義／錯誤的選擇／沒定性／外遇／離開團隊／ 多嘴／當心社群媒體炎上
7	戰車 （The Chariot）		不講究／過度自信／不注重健康／不負責任／太小看現實／ 缺乏獨立精神／行動停頓／強硬導致人為事故／進展過快／ 改變做法或想法／準備不夠充分／不是出手的時機／時機的問題
8	力量 （Strength）		不幸／過度自信／愛慕虛榮／無精打采／怠惰／濫用權力／ 無法發揮實力／中傷／賭一把失敗／逆境／苦難／坐立不安／ 無法信任他人／尖銳的刀子／找不到目標／挫折
9	隱士 （The Hermit）		頑固／多疑／乖僻／神經過敏／愛操心／沒朋友／繭居／不懂／ 為許多事煩心／聯絡或文章出錯／遭到封閉／變得頑固／權力失衡／ 頑固老頭／過於在乎形式
10	命運之輪 （Wheel of Fortune）		不幸／運氣下降／沒有解決辦法的局面／無計可施，時間不斷流逝／ 出現反叛者或革命家／變得痛苦／無法改變／急速惡化／ 無法打從根本改革，持續現況

11	正義 (Justice)		不公平／滋生不滿／不注重健康／鑽漏洞／失望／冷漠／ 不近人情的判斷／文件或法律的錯誤導致出問題／ 不公平對待／無法結束／敗訴／不道德／不受人景仰
12	倒吊人 (The Hanged Man)		徒勞無功／辛苦沒有回報／沒有成長／沒有好處／自我中心／ 想學也學不到的情況／白費心力／徹底放棄比較好／放棄的時候
13	死亡 (Death)		迎來一次結束／重生的時期／振作／即將復活／重生／再生／ 解除停止狀態／事態出現變化／內心下定決心／迴轉／ 原本放棄的事再度獲得機會
14	節制 (Temperance)		省不了錢／感情用事／衝動／夥伴之間或家庭失和／當局者迷／ 警戒心過剩／過猶不及／有異議／極端的狀態／心情沉重／ 心靈不平靜／不舒服的狀態
15	惡魔 (The Devil)		野心／權力／反省／獲得開放／發現出口／脫離怠惰的狀態／ 獲得解放／無可奈何的狀態終於劃下休止符／擺脫嚴峻的情況／ 解除洗腦／逃離犯罪／碰運氣
16	塔 (The Tower)		瓦解的模樣／即將毀滅之前停下／勉強預測／九死一生／ 留下最重要的事物／身無長物／妥協的結果／極限的狀態／ 一步之遙／化為泡影／做好心理準備／乾脆承認
17	星星 (The Star)		變得看不見理想／尋求找不到的某種事物／現實嚴峻／ 預測過於樂觀／發生爭執／過程過於漫長而沮喪／找不到折衷點／ 缺乏具體性／不實際的夢／人際關係不佳
18	月亮 (The Moon)		撥雲見日／慢慢穩定／花費時間會好轉／不安的情緒轉弱／ 未來大致底定而安心／消除隔閡／復甦／躲避危機／逐漸暴露的真相／ 一直無法忘記的人來聯絡／擺脫心理陰影／靈性覺醒
19	太陽 (The Sun)		突然惡化／取消／濫用／自私的一面曝光／失去活力／計畫中止／ 不幸／突然無法展望未來／浪費／難以進展／心情沮喪／ 衰退程度肉眼可見／黯淡的未來／人氣下滑
20	審判 (Judgement)		沒有好機會／徹底結束／希望破滅／唯一獲得的是被迫犧牲／ 錯誤的決定／發展方向與預想不同／超乎能力、缺乏斟酌的目標或對象／ 需要鼓起勇氣，下定決心／缺乏方向性／沒有路標／思考停頓
21	世界 (The World)		未完成／情況陷入膠著，無計可施／需要革新／沒進展／沒進步／ 陷入死胡同／發覺極限／會成功但是來不及／會實現但是為時已晚／ 遲遲無法前往國外

「小阿爾克納」關鍵字一覽表

魔杖（正位）

1	活力洋溢／開始冒險／野心／一切的起點／想像／誕生／情誼
2	開始後的情況都很順利／站在控制的立場／升級／指導能力／財產／不動產
3	成長／好結果／團隊合作良好／有效的建議／成績／合夥
4	計畫成功／放鬆的地方／和諧／繁榮／戀情／情投意合／休息／祝福／相遇
5	爭執／衝突／口角／為了了解彼此的摩擦／競爭／意見對立／切磋琢磨／內心糾葛
6	勝利／戀愛開花結果／達成／贏得比賽／因為有人協助而成功／獲得周遭稱讚
7	對決／站在有利的位置的防守／在面臨危機時對抗／孤軍奮戰／摩擦／妨害
8	成功／迅速擴張／出國旅行／沒有障礙／機會來臨／新的方向
9	依靠過往的經驗應對如流／舊疾復發／舊情復燃／持久戰
10	責任重大／壓力／分配工作給別人／拓展過多
侍衛	收集資訊對自己有益／待人親切很重要／誠實的人／可信賴的人／潛在能力
騎士	獨立精神／愛的到來／收到禮物／勇氣可嘉的行動／移動或遷居
皇后	努力獲得回報／友情轉化為愛情／天真浪漫／聰明／善於照顧人／大姐頭
國王	誠意獲得認可／湧起妒意／熱情的人／掌權者／強大可靠

這是小阿爾克納「正位」與「逆位」的關鍵字，大家占卜時不妨參考參考。

■ 魔杖（逆位）

1	膽怯／困難重重／自我中心／衰退／熱情冷卻／企劃階段中止／錯誤的開始
2	失去自信／因為束縛而苦惱／無法獨立的焦慮／孤立／不安
3	一直沒有成長／無人協助／團隊合作情況不佳／自大傲慢／停滯／反覆無常
4	幸福還在遠方，輪廓模糊／徒勞／閒暇／娛樂／被動的態度／浪費
5	避免衝突或辛苦／改善狀況／找出妥協點／沒有意義的競爭心理／競爭比賽
6	失敗／輸給情敵／對象偷吃／背叛／疑心／自命不凡／愛慕虛榮
7	免於對決／膽怯／無法下定決心行動／優柔寡斷／撤退／徒勞無功
8	好出鋒頭／強烈的嫉妒／旅行中止／失去方向／第三人干預／優柔寡斷
9	不設防／重蹈覆轍／輕率／膽小／疏忽大意／太過軟弱而遭到攻擊
10	故意失敗／擺脫重擔／放手／分散／強烈的意志
侍衛	出乎意料的麻煩／無法和他人商量而吃苦／不可靠的人／不貼心
騎士	有時失望／情人遭人搶走／旅行時需要萬全準備／偏見／武斷
皇后	做了就會有成果／歇斯底里／依賴心強／任性放肆的人／多管閒事
國王	不可靠的男性／聽取他人意見有益／自私任性的人／自以為是／有攻擊性

■ 硬幣（正位）

1		計畫成功／新收入／穩健的一步／達成／喜悅／繁榮／成就／滿足
2		順利應對變化／善於節約／臨機應變／靈巧／適應能力高超／交流
3		熟練／成功／結婚，兩情相悅／精神方面成熟／認真／進步／技術熟練／進步
4		穩定／牢牢守護／獨占／對於物質或金錢的執著／不放手權力／持有
5		失業／孤獨／寂寞／不健康／失去重要的心靈依靠／失去信條
6		獲得理所當然的報酬／投資成功／志工／給予喜悅／分享利益
7		守護成長／比較理想與現實／感到不足／對現況失去興趣
8		孜孜矻矻地努力／邁向收入更高之路／展望未來可能成功而付出
9		拔擢／獨立／獨立而獲得自由／出人頭地／實現夢想／自信／獲得財富
10		家庭興旺／經濟穩定／傳統手法與穩定／祖先的幫助／儲蓄／保障／完成
侍衛		充滿對於知識的好奇心／認真思考／勤勉／努力的人／沉穩
騎士		遵守學校規則／耐力增強／物質方面的運氣變好／成績提升
皇后		多才多藝／具有興趣／可靠的人／包容力／有益／擁護／有財運的女性
國王		富有的男性／仰賴的人／強大的同伴／成功者／有實力的人／受到矚目

≡ 硬幣（逆位）

1		過於重視金錢／小氣／計畫失敗／經濟上有所不滿／不成熟／損失／奔放
2		跟不上變化／人際關係惡化／不知所措／隨便／背叛／無法決定
3		偷工減料／技術不成熟／隨便的態度／吝於出力／平凡／補考
4		管理粗糙／過於執著而失敗／過於頑固而遭人厭惡／以防萬一反而適得其反
5		無力償還／失業／貧窮／經濟上的匱乏導致情況混亂
6		投資失敗／分配不公／合約出問題／付出也是枉然／幫倒忙
7		金錢方面的擔憂／儘管不滿也無法脫離／努力得不到回報的空虛
8		有能力卻從事不符能力的工作／作弊／不認真／做壞事而發跡
9		浪費／失去資金／喪失自信／失去重要的事物／無效／失效／遺失
10		家庭失和／為了籌措資金而吃苦／無法進入下一個階段／爭遺產／名聲差／極限
侍衛		開不起玩笑，把玩笑當真／單戀／強迫對方接受自己的想法／樸素／幼稚／偷懶
騎士		自以為是／停滯／容易迷惘／行動的結果事與願違／頑固／不小心
皇后		逃避責任／發揮小氣的精神／一直撒謊／生病
國王		濫用能力／奉承／堅持權威／不正當／頑固／不近人情

劍（正位）

1	勇於面對困難的力量／強大的意志力／做決定的強大魄力／戀愛方面的勝利／誕生
2	自然隨勢發展／延後判斷／膠著狀態／優柔寡斷／夾心餅乾／暫時敷衍
3	悲傷／離別／失戀／離婚／拋下老舊的事物／外科手術／失去／失望
4	先休息／充電期間／暫時停戰／冥想／停止營業／罷工／孤獨／恢復
5	復仇／嫉妒與惡意／不顧一切／隨便的態度／喪禮／暴力／裁員／汙名
6	出走逃避／改變觀點／擺脫困難／旅行／移居／換工作／轉移期間／出發
7	背叛／自取滅亡／失竊／不要輕易相信他人／誘惑／伺機行動／膚淺的言行
8	綁手綁腳／受到他人意見左右／束縛／無法主張／停止活動／限制
9	悲傷與失望／精神上的痛苦／擔心／失眠／遭人說壞話／太煩惱而思緒混亂
10	最糟的情況／自作自受／計畫受挫／不幸／被迫背負重擔／受傷／疾病
侍衛	謹慎行動／湧現靈感／不可過於探究／成為夥伴便能安心
騎士	充滿幹勁／健康狀態良好／突破障礙前進／勇敢／專注力／善於安排計畫
皇后	性格剛強／感受性敏銳／沉靜／教育上的顧慮／意志強大／洞察力
國王	喜好控制的男性／領導能力／明確說出想法／單戀如願以償／強力施壓

劍（逆位）

1 恐懼／不安／軟弱／因壓力而煩惱／恐懼所引來的攻擊／脅迫／失算／挫折

2 遭到情況壓迫而做出決定／匆促行事而誤判／貿然行事

3 預料中的悲傷／免於多吃苦／開始恢復／小手術／混沌／困惑

4 休息結束／開始行動／發現解決問題的方法／重新回到戰場

5 搶奪或遭到搶奪／犧牲／前方有狂風暴雨／需要修復關係

6 走投無路／無法動彈／需要轉換方向／計畫變更

7 狡猾／真心話／催促反省／遭到批判／事態惡化

8 擺脫束縛／不再受到他人干涉／自由／自己的意見日漸清晰

9 克服苦惱，開始堅強生活／面對痛苦依舊能抱持信心／解決

10 敗部復活賽／否極泰來／一縷希望／重新挑戰

侍衛 發生突如其來的事件／準備不夠充分而失敗／變得坐立不安／沒有計畫／不負責任／不在意

騎士 自命不凡而失敗／厚顏無恥／接二連三發生麻煩／當心衝動購物／多管閒事

皇后 心胸狹窄／嚇別人／沒常識／嘗試復仇／不穩定／偏見／批判的心態

國王 粗魯不可靠／遭到強硬逼迫／不要靠近比較好／愛的離別／違反合約

聖杯（正位）

1		戀愛的起點／純粹的愛情／開始合夥／歡喜／感受性／美／接受
2		交往初期順利／良好的人際關係／共鳴／和諧／情誼／栽培／結婚
3		團隊合作順利／一團和氣／受到祝福的婚姻／集體行動／連帶感
4		停下腳步思考／對現狀不滿／現在是思考的時機／冥想／厭倦
5		喪氣／失望／後悔／有失亦有得／拆夥／失落感
6		美好的過去／童年時代／同學會／幸福的回憶／家庭活動／兒童
7		優柔寡斷／變心／沉醉恍惚／誘惑／妄想／預測過於天真／選項都不切實際
8		失去興趣／放棄現況／權力交替／重要的事物變了／展開新的旅程
9		非常滿足／達成願望／身體健康／快樂／驚喜／滿足感／繼承權利
10		成就／幸福的家庭／穩定的家庭生活／自己帶給周遭的人幸福／充實感／保證
侍衛		自動自發的態度／含蓄謙遜引來好感／愛靜靜開花結果／受到眾人喜愛
騎士		對話便能解決／願望過一陣子便能實現／出現良性競爭對手／溫柔與勇氣
皇后		誠實招來幸運／善良女性的援助／穩健的成功／母性／平靜／藝術
國王		信賴度提升／良好的商量對象／學習有進展／預感會發生戀情／溫和厚道／大度

聖杯（逆位）

1 無法坦率表達感情／自私的戀情／戀情初始受挫／感情冷卻

2 單方面主張／爭執／絕交／誤解／破綻／單向通行／麻煩／取消前言

3 生活太順遂而無能／三角關係／婚事告吹／團隊合作不順／不了了之

4 考慮的時間告終／採取行動的時機到了／做出結論，付諸行動／開拓／換工作／新事業

5 希望／損失少／免於失望／障礙／復出／恢復／加深老交情

6 對於過去的執著／放不下堅持／不期盼的重逢／家人之間的問題／不知感恩

7 下定決心／決定開始實現／雲開見日／聰明的判斷／恢復平常心

8 喜悅／慶典／派對／認識新的人／不好的時期結束／段落

9 傲慢／不知人間疾苦／蠻橫的行為／不夠努力／最後關頭掉以輕心／一時疏忽

10 不滿足／沒結果／沒完成／失去友誼／膽怯／依賴他人善意／與所在的當地社群起衝突

侍衛 猶豫不決而吃虧／對於母親的愛／等待便能獲得好運／分心

騎士 動歪腦筋／遭到討厭的傢伙欺騙／戀愛路上滿是荊棘／容易隨波逐流

皇后 遭人捉弄／討人厭的女性／當心有人打小報告／失去幹勁／愛情淡去

國王 做事有失公允的人／愛可能破滅／不可靠／不誠實

はじめての人でもすぐに占える – 覚えないタロット

塔羅超上手

不用硬背，看圖就會；第一次算塔羅就上手

作　　　者──彌彌告（MiMiKO）
插　　　畫──omiso（日本）

主　　　編──許玲瑋
譯　　　者──陳令嫻
中文校對──魏秋綢
封面設計──日暖風和
行銷協力──王芃歡
排　　　版──立全電腦印前排版有限公司
印　　　刷──中康彩色印刷事業股份有限公司

發 行 人──王榮文
出版發行──遠流出版事業股份有限公司
地　　　址──104005 台北市中山北路一段11號13樓
電　　　話──（02）2571-0297
傳　　　真──（02）2571-0197
著作權顧問──蕭雄淋律師
遠流博識網 http://www.ylib.com

YLS 016
ISBN 978-626-361-681-3
2024年6月1日初版一刷　　　定價380元

國家圖書館出版品預行編目(CIP)資料

塔羅超上手：不用硬背，看圖就會；第一次算塔羅就上手
/彌彌告（MiMiKO）著. -- 初版. -- 臺北市：遠流出版事
業股份有限公司, 2024.06
　面；　公分

ISBN 978-626-361-681-3(平裝)

不用硬背，看圖就會；
第一次算塔羅就上手